허윤정 시집

시인선 005

일백 편의 한줄시 ⓒ 허윤정

초판인쇄 2023. 12. 20.
초판발행 2023. 12. 20.

지은이 허윤정
펴낸이 변의수
펴낸곳 상징학연구소

출판신고 2022. 1. 22.
신고번호 제 022-000005 호

경기 고양시 일산서구 탄현로 136, 116동 1302호
010-3030-9149
euisu1@hanmail.net
ISBN 979-11-956567-6-9 (03810)

값 10,000원

잘못된 책은 바꾸어 드립니다.

# 일백 편의 한 줄 시

시인의 말

상자

비어 있다

# 일백 편의 한줄시

시인의 말

I

디자이너 1

II

하늘 2
빛 3
번갯불 4
폭우 5
벼랑 6
여명 7
창살 8
절벽 9
태양 10
공간 11

허공 12
바다 13
사막 14
우주 15

Ⅲ

빛 16
시간 17
꽃 18
빛 19
궤도 20
틈 21
씨앗 22
상처 23
안개 24
미지 25
여백 26
고요 27

Ⅳ

자연 28
정글 29

광기 30

운명 31

비밀 32

바퀴 33

절망 34

종말 35

죽음 36

V

왕 37

악어 38

징표 39

댐 40

창문 41

발언 42

모델 43

모닥불 44

불꽃 45

렌즈 46

함성 47

언어 48

역설 49

개혁 50

그물 51

수식數式 52

시 53

VI

삶 54

하루 55

구두 56

공연 57

의자 58

수납 59

주름 60

아쉬움 61

하루 62

나뭇잎 63

적막 64

달빛 65

영혼 66

VII

골목 67

기억 68

철로 69

나비 70

간이역 71

역사 72

장마 73

산 74

고향 75

가을 76

하늘 77

노을 78

석양 79

낙조 80

바다 81

찌 82

철조망 83

찻잔 84

달빛 85

어머니 86

VIII

나비 87

섬 88

변심 89

향기 90

소나기 91

햇살 92

꽃나무 93

봄꽃 94

들꽃 95

폭설 96

눈물 97

생 98

신호등 99

캔맥주 100

해설 I−XXX

변의수(시인)

I

# 디자이너

태양을 밧줄로 묶는다

II

# 하늘

신의 캔버스다

# 빛

착란이다

# 번갯불

봄 들판을 누빈다

# 폭우

불처럼 번진다

# 벼랑

흔들린다

# 여명

허공을 물고 있다

## 창살

햇살에 갇혀 있다

# 절벽

나비가 앉아 있다

태양


땀을 식힌다

# 공간

우리 안에 갇혀 있다

# 허공

비를 맞고 있다

바다


이끼가 피었다

## 사막

귀를 열어놓고 있다

## 우주


낮잠에 들었다

빛

슬픈 문

## 시간

푸른 혀를 날름거린다

꽃


비밀번호

# 빛

악셀레이터를 밟는다

# 궤도

요동친다

# 틈

빛을 삼킨다

# 씨앗

맹금류 둥지다

# 상자

눈을 뜬다

# 안개

벽을 여는 허공

# 미지

빛이 들어서는 허공이다

여백

묶이지 않는다

# 고요

시들지 않는 꽃

IV

# 자연

빛의 속도다

정글

불시착이다

# 광기

비어 있다

# 운명

출렁인다

# 비밀

난파선

# 바퀴

모난 각을 굴린다

## 절망

닻의 힘으로 가고 있다

종말

향기롭다

죽음


눈부시다

V

왕


가난하다

# 악어

거미줄을 치고 있다

# 징표

꼬리를 자른다

# 댐

코를 곤다

# 창문

햇빛을 닫는다

발언


망치질이다

# 모델

악어를 껴입는다

# 모닥불

장미와 패잔병

# 불꽃

빨간 장화

# 렌즈

날카롭다

# 함성

투명하다

# 언어

지느러미를 매단다

# 역설

논두렁에 처박혔다

# 개혁

우리를 뛰쳐나온다

## 그물

새벽을 던진다

# 수식數式

일급수 생물이다

시


지진이다

VI

# 삶

시든 과일

# 하루

긴 그림자

# 구두

낡은 배

# 공연

비에 젖다

# 의자

날지 못하는 새

## 수납

버리는 일이다

# 주름

삭제된 삶

# 아쉬움

바람에 날린다

# 하루

빈 배다

## 나뭇잎

산사나무이다

## 적막


만선이다

## 달빛

은장도를 숨긴다

영혼


닦아도 닦아도 묻어난다

VII

# 골목

오래된 이야기

# 기억

시든 꽃

# 철로

고요한 정오

# 나비

바람을 흔든다

# 간이역

기다림

# 역사

비를 맞고 있다

# 장마

하얀 꽃을 피웠다

산

햇살을 물들인다

# 고향

그림자를 말린다

# 가을

텅 빈 구름

# 하늘

바람이 흔든다

# 노을

금이 간 갯벌

# 석양

마른 꽃잎

## 낙조

나뭇가지에 걸려 있다

# 바다

## 짙은 10월

찌

낚시에 걸린 바다

# 철조망

바람에 걸려 있다

## 찻잔

구름이 떠돈다

# 달빛

낙엽에 묻힌다

# 어머니

빈집이다

VIII

# 나비

꽃나무를 깨운다

# 섬

날고 싶은 나비다

# 변심

빨간 무를 좋아한다

향기


덫에 걸렸다

# 소나기

유리창을 흔든다

# 햇살

푸른 잎을 흔든다

# 꽃나무

고장난 악기다

## 봄꽃

잡을 수 없는 산불이다

# 들꽃

레지스탕스다

# 폭설

비명이다

# 눈물

압축 파일이다

생

따놓은 맥주잔

# 신호등

잠깐!

# 캔맥주

들고 마시는 추억이다

‖ 해설 ‖

허윤정

시집

일백 편의 한줄시

변의수

시인 · 예술평론가

# 허윤정 시인의
# 일백 편의 한줄시

허윤정 시인의
한줄시


변의수(卞義洙)

## Ⅰ. 허윤정 시인 : 한줄시의 제시와 정립

허윤정 시인의 시집 『일백 편의 한줄시』는 두 가지 면에서 특별하다. 하나는 '은유 알고리듬' 기법을 사용해서 작품을 만들었다는 점이고, 또 하나는 시의 본문이 모두 한 줄이라는 점이다. 은유 알고리듬 기법은 은유의 원리에 바탕한 규칙을 이용해 은유문을 만드는 방법이다. 허윤정 시인은 이 방법을 활용하여 2022년에 시집 『서래마을 여자』를 묶어내었다. 그리고 2023년 올해는 『일백 편의 한줄시』를 펴내었다. 그런데, 서래마을 여자』는 모두 10행 미만의 시들이다. 이와 달리 『일백 편의 한줄시』는 시집에 실린 일백 편의 시 모두가 제목 외에 본문이 단 한 줄이다.

한줄로 된 시는 여느 시인들도 모두 가끔씩 쓴다. 특히 하이쿠는 '한 줄 시'의 대표적 사례로 알려져 있다. 그런데 이 글에서 말하는 "한줄시" 개념은 종래의 '한 줄 시'와는 다르다. 종래의 '한 줄 시'는 외관상 한 줄로 된 시를 말

한다. 이와 달리, '한줄시'는 외관상 한 줄이면서, 은유 알고리듬 기법을 사용한 시이다. 그래서 '한 줄 시'라고 하지 않고, '한줄시'로 표기한다.

외관상으론 다 같이 한 줄의 시이지만, 은유 알고리듬을 사용한 작품은 그 제작과정과 효과 면에서 그렇지 않은 경우와 현격한 차이를 보인다. 은유 알고리듬은 은유의 형식을 구현하는 방법론으로서 은유의 내용 또한 효과적으로 담아낼 수 있다.

허윤정 시인은 은유 알고리듬으로 시를 쓰고 시집을 묶어낸 최초의 시인이다. 작년에 발간한 『서래마을 여자』는 그 효시적 시집이다. 그런 허윤정 시인은 한줄시의 형식을 최초로 제시하고 정립한 시인이라고 말할 수 있다. 이론과 방법은 필자가 고안했지만, 작품을 실제적이고도 본격적으로 구현한 사람은 허윤정 시인이다.

그런 점에서 허윤정 시인의 『일백 편의 한줄시』 작업은 우리 시문학사에 있어서 더없이 의미있고 소중하다 하겠다. 더욱이 시인은 팔십이 넘어서 이 방법론을 배우고 익혀서 시를 썼다. 게다가 2022년에 『서래마을 여자』를 낸 데 이어서 2023년 올해 『일백 편의 한줄시』를 또 펴내었다. 시인의 강인한 의지의 결과이다. 그런 시인의 한줄시는 짧은 만큼 고도의 은유적 압축성을 통한 폭발력 있는 시미학을 보여준다. 시인의 오랜 삶의 연륜과 통찰이 뒷받침된 결과라 하겠다. 먼저 몇 편의 시를 보자.

## 1. 사족을 자른, 심장만을 지닌 시

들꽃

레지스탕스다

**팔**십 초반의 노구에도 불구하고 허윤정 시인은 '은유 알고리듬' 기법을 배우고 익히기 위해 두문불출했다. 외출은 병원 진료와 건강 유지를 위한 운동이 전부였다. 거의 초인적이라 할 의지를 지닌 시인은 성품 또한 소탈하고 호기롭다. 그런 시인은 가을의 '들꽃'에 탄성을 지른다. 불가역적 상황에 저항하는 "레지스탕스" 동지를 만난 것이다. 연약하기 그지없는 존재인 '들꽃'과 혁명적 저항어의 만남이 신선하다.

**은**유의 원리는 상반되거나 무관한 대상을 하나로 묶는 일이다. 그 결과로서의 시문은 통상적 사고를 초월하는 역설 또는 아이러니를 보여준다. 은유의 원리와 효과를 활용한 시인의 발상이 빛을 발한다.

　　　나뭇잎

　　　산사山寺이다

**이** 시는 앞의 「들꽃」과 마찬가지로 '제목 = 본문'의 지극히 간단한 구조를 갖고 있다. 아메바처럼 단세포의 생물 같은 시이다. 더 이상 줄일 여지가 없다. 형식 면에서 시의 원형이라 할 수 있다. 그런데 이러한 구조의 단순함과 달리 시는 상당한 에너지의 자장을 뿜어낸다.

**생**각에 잠겨 호흡을 고르고 있는 듯한 나뭇잎은 마치 세속을 피해 은거한 산사를 떠올리게 한다. 말 그대로 골계미의 은유를 보여준다. 이 시는 '나뭇잎'의 제목 아래

단 하나의 시어 '산사'가 놓여 있을 뿐이다. 그게 시의 전부다. 사실, 고적함을 위해서는 다른 말이 더 이상 필요 없을 듯도 하다. 만약 또 다른 낱말이 붙는다면 고적한 분위기는 바람처럼 흩어져버릴지도 모를 일이다. 최소한의 언어 사용, 극도의 절제된 표현이 오히려 시의 분위기를 고조시켜 내고 있다. 선적 분위기의 이 시는 그런 점에서 매우 역설적이다.

### 시간

푸른 혀를 날름거린다

시간은 존재를 환기시킨다. 생명의 알이 놓이고 껍질이 깨어진다. 하나의 생명이 눈을 반짝이며 고개를 내민다. 태어나는 모든 생명은 순수하고 아름답다. 『죽음의 한 연구』의 작가 박상륭은 "앓음답다"라는 표현을 썼다. 아름다우면서도 아프다는 말이다. 아름다움은 영속하지 않는다. 범속함과 탐욕의 한가운데 놓여 있기 때문이다. 아름다움과 생존을 위한 실존, 그 둘은 동시적 공간에 존재하는 하나이면서도 하나가 되지 못하는 대척적 관계에 있다.

알을 깨뜨리고 무구한 눈동자가 마주하는 것은 뱀의 혀이다. 시공간 그 자체인 푸른 혀가 시간을 여는 새 생명에게 눈인사를 한다. 인간과 우주, 생명과 세계의 관계를 한 줄의 그림 시로 보여주고 있다. 시공간을 초월한 신화의 원형과도 같은 시편이라 하겠다.

이 시 역시 앞의 작품들과 마찬가지로 '제목 = 본문'의 관계이다. 그런데 한 걸음 더 들어가 살펴보면 "들꽃// 레지스탕스다" "나뭇잎// 산사山寺이다"와 같이 「들꽃」과 「나뭇잎」은 제목과 본문이 '이다(또는 아니다)'라는 지시적 관계이다. 이와 달리 "시간// 푸른 혀를 날름거린다"처럼 「시간」은 본문이 제목을 묘사하는 구조이다. 『일백 편의 한줄시』의 전 시편은 이 두 가지 유형의 구조로 이루어져 있다. 아주 간단한 구조와 형태의 시편들이다.

시문들 또한 모두가 별다른 수사적 장치의 표현을 갖고 있지 않다. 단순히 하나의 낱말 또는 언어를 무심히 툭 던져놓은 듯 보이기도 할 것이다. 누구나 한 번쯤은 해보았을 우리의 말놀이 문화로 '삼행시'가 있다. 초·중·종장으로 이루어지는 시조의 형식을 딴 재미있는 놀이이다. '한줄시'는 그 형식이 삼행시보다도 단순하다.

그런데 '한 줄'의 시라고 해서 가볍게 여길지도 모르겠다. 하지만, 한줄시는 언급했듯이 '은유 알고리듬'이라는 은유를 구현하는 기법의 방법론을 적용했다. 그런 만큼 허윤정 시인의 '한줄시'는 짧지만 상대적으로 깊은 사유와 자연의 섭리가 함축되어 있다. 그럼으로써 오히려 더 강한 미학적 폭발력을 내장하고 있다. 그런 시인의 '한줄시'는 사족을 자른, 심장만을 지닌 시라 할 수 있다.

## 2. 하이쿠와 허윤정 시인의 한줄시
### 2-1. 하이쿠

하이쿠는 가장 짧은 시로 알려져 있다. 그런데 허윤정 시인의 '한줄시'는 외양적 형식의 측면에서 하이쿠보다도 짧다. 한 줄 시인 하이쿠는 전통적으로 5·7·5

음절을 이루는데, 첫 5음절은 자연에 관한 도입부, 7음절은 이어받은 변주, 그 다음의 5음절은 결말이다. 이와 같이 5·7·5 음절의 각 어구는 하나의 행으로 구별되는 의미 단락들이다.

그런데, 은유 알고리듬 '한줄시'는 제목 1행, 본문 1행인, 단 2행의 의미 단위로 이루어진다. 이와 같이 한줄시는 형식 구조 면에서 하이쿠보다도 단순하다. 쾌감이나 감동의 내용 면에서는 시인의 능력에 따라 다를 수 있지만, 한줄시는 원리적 기법을 사용하는 까닭에 시미학의 구현에 있어서도 효과적일 수밖에 없다.

하이쿠는 마쓰오 바쇼(松尾芭蕉, 1644년~1694년)가 5·7·5 음절의 형태를 중시하여 예술적으로 승화시켰고, 메이지(明治)시대에 마사오카 시키(正岡子規, 1867-1902)가 하이쿠라고 칭하여 현재까지 이르고 있다. 현재 일본의 하이쿠는 세계인들에게 널리 알려져 있는 친숙한 시문화이다. 한 줄 속에 자신의 사상과 철학을 효과적으로 담아내어 전달할 수 있다는 점에서 정치학적 수사로도 사용되고 있으며, 시문학인들에게는 이미지를 간결하고도 효과적으로 제시할 수 있어 널리 애용된다. 보르헤스는 스페인어로 하이쿠를 썼고, 옥타비오 파스는 바쇼의 하이쿠를 스페인어로 번역했다. 하이쿠는 특히 이미지즘 시인들에게 영향을 끼쳐 에즈라 파운드는 영어로 하이쿠를 창작하기도 했다.

In a Station of the Metro
(지하철역에서)

The apparition of these faces in the crowd;
(군중 속 얼굴들의 환영)
Petals on a wet, black bough.
(젖은, 검은 가지 위의 꽃잎들)

「지하철 역에서」는 그의 대표작이라고도 할 수 있을 만큼 잘 알려진 영문 하이쿠 시이다. 그리고 하이쿠는 관광산업 분야에서 일본문화 체험 소재로도 인기를 누리고 있다. 그렇듯 짧은 시의 매력이자 강점이 하이쿠에서 널리 잘 구현되고 있음을 볼 수 있다.

오래된 연못
개구리 뛰어드는
물보라 소리

— 마쓰오 바쇼

하이쿠의 성인으로 불리는 마쓰오 바쇼는 생전에 1,012편의 하이쿠를 지었다고 알려져 있다. 위의 "오래된 연못…"은 바쇼의 명작 중 첫 번째로 언급된다. 그런데 필자의 관점에서 이 작품은 선적 시문일 수는 있으나, 시로서 미학적 평가는 하기가 쉽지 않다. 은유가 제대로 구현되지 않았기 때문이다.

대개의 시인들이 그러하지만, 하이쿠 시인들 역시 시의 본질적 형식의 문제로서 은유의 중요성을 그렇게 고려하지 않았던 것 같다. 물론, 바쇼의 경우 제자들에게 "다 말해 버리면 시에 무슨 의미가 있는가?"라고도 하였고 또한 실제의 작품들에 비추어보면 바쇼가 은유의 중요성을 깊이 인식하고 뛰어나게 구사하였음을 알 수 있다. 그런데, 누구이든 창작의 기법을 객관화하여 인식하고 있는 것과 단지 체득하여 행하는 것에 머무는 것과는 차이가 있다.

>겨울날의 해
>말 위에 얼어붙은
>그림자 하나
>
>– 마쓰오 바쇼

위의 시는 "오래된 연못…"과는 다르다. 그의 힘들고 지친 유랑의 삶을 "말 위에 얼어붙은 그림자"로 은유한 절구이다. 이 시는 단순한 서경에 머물지 않고 시를 향한 그의 구도적 고행의 여정을 추위 속 "말 위에 얼어붙은 그림자"로 은유하여 그 정신의 내적 깊이를 짐작하게 한다.

"오래된 연못…"은 시를 읊을 당시의 상황이나 그 연유가 암시되어 있지 않다. 그래서 제시된 시문만으로는 은유가 성립하지 않는다. 이 시문을 읊을 당시 상황에서는 듣는 이나 시를 읊는 시인이 그 은유성을 인지하였을지 모르나, 시문만을 접하는 독자의 입장에서는 원관념(속뜻)으로 이해할 내용이 제시되거나 암시되고 있지 않아 은유를 경험할 수 없다. 만약, 이 시를 상황극 속에서 제시한다면 은유는 살아날 수 있을 것이다. 하지만 현재의 시문에서는 은유를 이루는 한 축이 빠져 있다.

은유의 사용 여부는 시의 효과 면에 있어서 중요하다. 은유는 시인의 원관념 즉 주제나 사상, 삶의 태도 그리고 시인의 삶의 여정 등에 이르기까지 모두 고려하여 감

상하게 한다. 그런데 시에 은유가 없으면 문제가 다르다. 은유는 시인의 정신세계를 투사하는 가장 효과적이고도 본질적인 장치이자 수단이다.

서경적 이미지를 중시하고, 하이쿠 명칭을 확립한 마사오카 시키(1867-1902))와 회화적 가치를 중시하여 시키가 새로이 조명한 요사 부손(1716-1784), 그리고 자연 이미지를 사용하면서도 계절이나 정형에 사로잡히지 않고, 내면세계에 관심을 가진 가와히가시 헤키고토, 이어서 5·7·5 음절과 자연 소재 등의 정형성을 벗어던진 몇몇 잘 알려진 하이쿠 시인들의 작품을 보자.

>모란꽃 져
>고요히 겹치네
>꽃잎 두세 장
>
>　　　　　　　　　　　　- 요사 부손(1716-1784)

>도끼질하다
>향기에 놀랐네
>겨울나무 숲
>
>　　　　　　　　　　　　　　　- 요사 부손

>번개로구나
>노송나무 서 있는
>골짜기 하나
>
>　　　　　　　　　　　　- 마사오카 시키(1867-1902)

몇 번씩이나
내린 눈의 깊이를
물어보았네

– 마사오카 시키

젊을 때의 벗
생각하면 은행잎
떨어지네

– 가와히가시 헤키고토(1873-1937)

빨간 동백
하얀 동백과 함께
떨어졌네

– 가와히가시 헤키고토

담을 곳이 없어 두 손으로 받는다

– 오자키 호사이(1885-1926)

힘주고 힘주어 또 힘이라고 쓴다

– 타네다 산토카(1882-1940)

살아남은 몸 긁고 있다

– 타네다 산토카

요사 부손의 작품 중에서는 「도끼질…」 시편이 주목하게 한다. 의미론적 깊이보다는 극한적 대립 관계의 이미지라 할 '도끼'와 '향기'를 "적막한" '겨울 숲'을 배경으로 대비시켰다는 점에서 감각적 이미지의 사용이 돋보인다. 「모란꽃…」은 회화적 이미지에 주력한 작품이나, 그 내용적 의미나 은유의 묘미는 드러나지 않는다.

마사오카 시키는 「번개로구나…」, 「몇 번이나…」 같은 시가 드러나 보인다. 전편에서는 "노송나무"를 중심으로 해서 "번개"와 "골짜기"를 대비시킨 형상적 은유가 돋보인다. 후자의 시편은 "내린 눈의 깊이"가 눈길을 사로잡는다. 한편, 「번개로구나…」는 '형상'을 대비시킨 은유이고 「몇 번이나…」는 '의미(속성)'를 대비시킨 은유이다. '의미론적 은유'가 '형상 은유'보다 깊이를 담아낼 수 있어 작품의 울림이 더하기 마련이다.

그 외에 헤키고토, 호사이, 산토카 등의 작품은 마사오카 시키나 요사 부손의 작품들에 비해 시인들의 특징적 미학성이 잘 드러나지 않는다. 명성만큼이나 역시 마쓰오 바쇼의 작품들이 시정신과 주제적 깊이를 은유에 미학적으로 담아내고 있다는 점에서 다시 눈길을 돌리게 한다.

> 깊은 산 안쪽
> 밖에서는 모르는
> 꽃들이 만발
>
> — 마쓰오 바쇼

> 말하는 사람마다
> 입 속의 혀
> 붉은 단풍잎
>
> — 마쓰오 바쇼

한밤중 몰래
벌레는 달빛 아래
밤을 뚫는다

— 마쓰오 바쇼

무덤도 움직여라
나의 울음소리
가을바람

— 마쓰오 바쇼

외로움이여
못에 걸려 있는
귀뚜라미

— 마쓰오 바쇼

이 길
오가는 사람 없이
저무는 가을

— 마쓰오 바쇼

방랑에 병들어
꿈은 시든 들판을
떠돈다

— 마쓰오 바쇼

가진 것 하나
나의 생은

*XIV*

조롱박

— 마쓰오 바쇼

바쇼의 작품들 중에서 눈길을 끄는 또 다른 하이쿠를 다수 음미해 보았다. 시는 은유를 그 본질적 속성으로 한다는 것은 인류 문화사 이래 관련 현자들의 공통된 생각이다. 시는 은유를 사용한 이야기이다. 서사의 여유를 배제한 하이쿠와 같은 단형의 시에서는 은유의 중요성과 필요성이 더욱 뚜렷이 드러난다.

은유 알고리듬의 '한줄시'는 원리적 방법론을 사용한다는 점에서 형식 결여의 문제로부터 자유로울 수 있다. 문제는 형식에 담아내는 시인의 정신이다. 그런데, 원리적 형식 사용의 문장으로부터 많은 부분 주제적 영감을 끌어낼 수 있다. 그런 까닭에 은유 알고리듬 사용의 한줄시는 원리적 방법론에 의하지 않은 시편과는 형식과 내용 면에서 다를 수밖에 없다. 허윤정 시인의 『일백 편의 한줄시』의 작품 중 일부를 살펴보자.

## 2-2. 허윤정의 한줄시
### 2-2-1. 제목과 본문 : 지시적 관계의 형식

안개

벽을 여는 허공

안개는 벽을 가리는 장애물이다. 안개 속에선 모든 것이 낯설고 조심스럽다. 그 자체가 벽인 안개는 스스로 자취를 감추면서 벽을 연다. 그런 안개는 스스로 벽이면서 벽을 여는 허공이라 할 수 있다. 이 시는 제목과 단 한 줄의 각주 같은 시문으로 존재와 세계의 상관성, 무와 유의 동일성과 호환성을 보여준다.

삶은 안개와 같다. 벽이면서 벽이 아닌, 자취를 감추면서 벽을 여는 보이지 않는 환영들, 「안개」는 언제 어디서나 우리 앞에 존재하는 신의 세계를 엿보게 한다. 신비로운 안개의 선물이다.

### 창살

햇살에 갇혀 있다

창살은 죄와 속박을 의미한다. 모순되고 역설적이다. 생명은 죄 없이 창살에 갇힌 수인이다. 태어남 자체가 창살에 갇혀야 할 운명인 것. 모든 것은 창살이라는 우리에 갇힌다. '원죄'를 둘러썼다.

그런데 이 시는 희망을 역설하는 듯하다. 모든 존재를 감금하는 창살이 오히려 "햇살에 갇혀 있다". 조금만 달리 생각해보면 어둠은 우리 스스로가 만든 것임을 알 수 있다. 스스로 창살에 갇혀 있을 뿐, 하늘은 언제나 푸르고 세상은 밝은 햇살 속에 있다. '창살'이 "햇살에 갇혀 있다". 역설의 묘를 지닌 시편이다. 우리는 언제나 지금 당장 창살 밖으로 걸어 나올 수 있는 것이다.

### 시

지진이다

시는 조각난 유리파편들이 만들어낸 기하학의 세계와도 같다, 한없이 아름답고 변화무쌍한 만화경의 세계. 천정과 바닥이 순식간에 뒤집히고 낮과 밤이 한순간에 뒤바뀐다. 역설과 낯섦, 모호함과 신비, 압축과 간결함이 은유의 축을 이루는 시인의 '한줄시'는 창세의 그때처럼 막힘과 주저함이 없다. 말하는 대로 이루어진다. 시문대로 시공간이 열린다. 생각의 고리를 당기면 모든 것을 볼 수 있다. 그리고 보여준다. 세계와 시공간을 압축하는 '시'는 "지진이다".

  적막

  만선이다

적막, 천지간에 소리 없음. 모든 것이 사라져버렸거나 정지한 시간, 외로울 수 있겠지만 가고 싶은 세계. 모든 것을 내려놓은, 그러므로 모든 것을 다 이룬 '적막'은 "만선이다". 비우고 버리고 떠난 세계, 홀로 남은 피안의 적막 "만선". 한 줄의 금언 같은 시편이다.

2-2-2. 제목과 본문 : 묘사적 관계의 형식

  낙조

  나뭇가지에 걸려 있다

시인은 부산의 명문 경남여고를 수학했다. 젊어서는 잠시 불가에 머물기도 하고, 시지『맥』을 발행하기도 했다. 오랜 생의 여정 속에서도 시인은 고향인 경남 산청에서

보낸 젊은 시절의 추억을 지금도 소녀처럼 간직하고 있다. 서정은 모든 것을 내려놓게 한다. '낙조'가 "나뭇가지에 걸려 있다" 찰나가 영원으로 바뀌는 순간이다. 그것이 자연 서정의 본질이자 힘이 아닐까.

### 여백

묶이지 않는다

인간이 남겨 놓은 공간의 자연, 여백. 당연히 인간의 권능 밖이다. 역으로 인간이 여백에 묶일 일이다. 사유를 열어놓은 공간, 시의 행간이 그렇고 그림의 여백이 그러하다. 문자도 붓질도 닿아서는 안 된다. 자연이자 신의 영역이기 때문이다. 여백은 묶을 수도, 묶어서도 안 된다. 홋설의 괄호는 여백을 열어두도록 한 것이다. 너 자신을 알라는 무지의 지를 이르는 말이기도 하다. 오늘도 시인은 묶이지 않는 여백을 바라보고 있다. 순수 서정이 형이상의 지혜와 만나는 시편이다.

### 언어

지느러미를 단다

언제나 출렁여 움직이는 물결. 언어는 바다다. 무한히 일렁인다. 사유를 가르며 유영하는 물고기. 언어는 그런 물고기를 닮았다. 잠시도 가만있지 않는다. 투명한 지느러미를 움직여 온갖 사물과 이야기를 만들어낸다.
언어는 사물의 의상이다. 그래서 지자들은 간혹, 언어를 존재 자체로 여기기도 한다. 존재와 사유의 세계를 자유로이 건너다니는 시인의 「언어」가 보여주는 진경이다.

우주

낮잠에 들었다

세상이 모두 낮잠에 든다면 얼마나 편안할까. 매일 시문에 매달려 있는 시인이 모처럼 여유를 가졌다. 시를 쓰다가 문득, 잠이 든 우주를 본 것이다. '낮잠에 든 우주'. 세상의 모든 시간이 잠에 들었다. 시인은 한 줄의 시로 세계를 멈추었다. 시인의 손에서 잠시 우주는 작은 장난감이 되었다. 잠시 유년의 동심으로 돌아가도 되겠다.

디자이너

태양을 밧줄로 묶는다

포스트모던하다. 서정도 형이상학도 아닌 공중곡예사의 실험적 율동만이 보인다. 시인의 실험은 상상을 초월한다. 없는 세계를 창조한다. 그래서 시인을 신의 대리자로 여기기도 한다.
태양을 밧줄로 묶는 디자이너, 곧 시인이다. 자유로운 영혼을 꿈꾸는, 한 편의 연극 또는 판토마임이다.

수납

버리는 일이다

생은 버림으로써 완성된다. 시작과 끝은 하나이다. 젊어서는 모든 것을 모아들이지만 끝내는 모든 것을 버린다. 새로운 시작의 끝. 비움은 새로운 시공간의 설계임을 기억하자. 모으지 않으면 버릴 것이 없다. 버리는, 버려지는 아픔도 없다. 평범하지만 무겁게 다가오는 시문이다.

빛

엑셀레이터를 밟는다

영화를 보는 것 같다. 눈부시다. 눈이 부시므로 카뮈는 뫼르소가 방아쇠를 당기게 했다. 방아쇠를 당겨야 한다고 생각했다. 아니라는 변명이었지만. 눈이 부시므로 세상의 엑셀레이터를 밟는다. 세상은 어둡다. 빛으로 가득한, 빛 속에서 사람들은 방황하고 좌절한다.
세상의 엑셀레이터가 환희로 질주하였으면 좋겠다. 유토피아를 끝없이 질주하였으면 좋겠다. 슬프고 허무한 "빛" "엑셀레이터를 밟는다". 세상의 모든 질주가 허공 앞에서 멈추기를.

허윤정 시인의 은유 알고리듬의 '한줄시'는 형식 면에서 하이쿠보다도 간결하다. 내용 면에서도 보다 압축적이고 주제적 심도 역시 깊다. 한줄시는 은유의 원리와 그 구현 규칙에 의해 제작된다. 원리적이고도 객관적 방법론을 사용하는 까닭에 형식과 내용 면에서 미학적 예술성이 효과를 더할 것은 당연한 일이다.
허윤정 시인은 지난해 10월에 시집 『서래마을 여자』를 묶어내고 1년이 조금 지난 시점에서 『일백 편의 한줄시』를 묶어내었다. 그렇다시피 시집 출간의 터울이 짧다. 그렇다고 시 내용이 허술한 것도 아니다. 상당히 함축적이고 깊은 사유와 자연 관조의 세계가 담겨 있다.

『일백 편의 한줄시』는 앞서 언급한 은유문 생성 방법인 '은유 알고리듬 기법'을 사용한 시집이다. 시인의 시문은 주어에 해당하는 제목과 본문에 해당하는 술어, 그리고 수식어와 피수식어의 관계가 상반되거나 서로 어울리지 않는 것들로 이루어져 있다. 그런 성격과 구조의 시문을 사용한 은유들로 충격과 감흥을 더한다. 은유의 본성에 충실한 까닭이다.

밀도 높은 시문으로 장편의 서사를 구성하여 시를 만든다면 좋은 일이다. 하지만, 짧은 시는 보다 간결한 맛과 영감적 임팩트를 줄 수 있다. 허윤정 시인의 한줄시는 단 한 곳도 불필요한 시어가 없다. 그만큼 시문들이 탄탄하고 깊은 사유들이 함축되어 있다.

시인은 『일백 편의 한줄시』를 통해 한 구, 한 줄의 문장만으로도 삶과 자연에 대한 관조와 사유를 넉넉히 담아낼 수 있음을 보여준다. 팔십 초반 고령의 나이에도 불구하고 허윤정 시인은 은유 알고리듬이라는 전위적 기법을 수련하여 빛나는 시편들을 짧은 기간에 제작하여 선보이고 있다. 이런 배움과 창작의 열정은 국내는 물론, 세계적으로도 유례가 없을 듯하다. 허윤정 시인의 시에 대한 열망과 열정은 브레이크가 없다.

## II. 은유 알고리듬: 허윤정 시인의 『일백 편의 한줄시』의 이론적 기법

### 1. 시와 과학

시는 수학이나 과학과 마찬가지로 하나의 체계적 이론을 지닌다. 시학의 이론은 물리학적 이론과 마찬가지로 체계적 발전을 이룬다. 다만 시편에 기술되지 않을 뿐이다. 그러나 과학이론 역시 과학 제품에는 기록되지 않는다. 이론은 기술로 집약되고 수렴되어 제품에 녹아든다. 시론 역시 그러하다. 시학과 시론은 창작의 기술과 형식 그리고 주제적 내용으로 용해되어 '시편'으로 형상화된다.

칸트는 시 창작은 천재에 의한 것이나, 학재는 인식의 진보를 이루어나가는 장점이 있다며, 시는 하나의 한계가 그어져 있어 어딘가에서 정지하기 마련이라 했다(KU 185 이하). 옥타비오 파스 역시 "시는 진보나 진화를 무시"한다고 했다(『활과 리라』). 하지만 시는 진보하고 발전한다. 시가 곧 과학은 아니나, 과학적 방법론을 통해 작품을 창작한다. 은유 알고리듬 기법의 한줄시 또한 그 실례의 하나이다.

### 2. 시는 은유를 사용한 이야기이다

시는 무엇보다도 먼저 은유를 구사할 수 있어야 한다. 은유 없는 시는 생각할 수 없다. 음악, 미술, 문학, 연극, 영화와 같은 여러 예술 장르는 그 구현 매체로 결정된다. 음악은 소리, 미술은 색과 형상, 문학은 문자, 연극은 신체, 영화는 빛과 음향을 사용한다. 그렇듯 시, 소설, 수필, 평론

등도 역시 사용 매체에 의해 결정된다.

문학에서 시는 은유를 특징적으로 사용한다. 시와 달리 소설은 은유를 제한적으로 사용한다. 그리고 수필은 소설과 상대적 차별성을 지닌다. 소설이 이야기를 드라마틱하게 구성한다면, 수필은 이야기 구조에 자율성을 지닌다. 평론은 은유나 이야기 사용 여부와 관계없이 의미 전개의 인과적 구조에 집중한다. 그럼으로써 작품에 대한 평가를 수행한다.

시는 은유를 문자로 표현한다. 시가 문자를 사용하는 건 인쇄술의 발달로 인한 것이다. 현대에 들어서는 전자 매체의 발달에 따라 종이 대신 액정 화면이 사용된다. e-book이 그것이다. 하지만 e-book이든 종이책이든 문자를 사용하는 것은 변함없다. 시는 은유를 문자로 구현하는 예술이다.

## 3. 은유의 형식과 실체
## 3-1. 은유의 실체

은유는 형식을 통해 의미를 구현하는 '사고'이다. 사고엔 지각, 추론, 통찰, 영감적 사고가 있다. 지각은 사물을 인지하는 사고이고, 추론은 방법론적 사고이며, 통찰은 창조적 사고이다. 영감적 사고는 자동기술적 사고라 할 수 있다. 은유의 생성은 통찰과 영감적 사고로써 가능하다.(2015 발간 『융합학문 상징학』에서 상술.)

## 3-2. 은유의 형식 : 외적 형식(상반되거나 무관한 배치) & 내적 형식(삼단논법 구조)

3-2-1. 외적 형식

은유는 하나의 낱말이 아닌, 구나 절을 통해 구현된다. 하늘, 문, 인간 같은 하나의 낱말로는 시가 되지 않는다. 은유가 구현되지 않기 때문이다. 수사학에서는 '상징'이 하나의 낱말로 성립하나, 실제의 시편에서는 하나의 낱말(원관념이 생략된 보조관념)로는 '상징'이 구현되지 않는다. 상징이 기능을 발휘하기 위해선 다른 낱말이 필요하다. 시에서 은유는 구나 절, 문장 같은 둘 이상의 낱말 속에서 구현된다.

구, 절, 문장은 수식어와 피수식어로 구성된다. 은유는 그 둘의 관계를 비사실적으로 구성한다. 심지어는 상반되거나 무관한 것들로 배치한다. 의미를 에둘러 나타내는 은유는 일반적인 문장과는 달리 사실과 다르게 표현한다. 아름다운 사람을 '꽃'으로 표현하거나, 정열이나 열정을 '불꽃'으로 표현하듯 전혀 다른 낱말을 사용한다.

3-2-1. 내적 형식

속뜻의 원관념과 겉뜻의 보조관념의 은유는 A=C로 표현된다. 물론, A=C엔 B라는 매개가 있다. B를 바탕으로 해서 A는 C가 된다. "열정은 불꽃이다"라는 은유는 '뜨거움'이라는 매개에 근거한다. 은유는 이와 같이 어떤 이유를 바탕으로 해서 구현된다.

인간의 모든 사고는 그러한 삼단논법의 구조를 갖는다. 은유는 A, B, C의 이미지를 사용하고, 과학은 이미지가 아닌 개념을 사용하는 차이가 있을 뿐이다.

## 4. 시인이 은유를 구사하지 못하는 이유

은유는 일상생활에서 사용하는 문장이나 문법이 아니다. 살펴보았듯 A=C의 은유문을 만들려면 A와 C에 공통적으로 내재된 B라는 이유를 먼저 찾아야 한다. 그럼으로써 A=C라는 은유를 발화하게 된다. 하지만 그것은 쉽지 않다.

더우기 시는 미학적 예술성을 높이기 위해 심층 은유를 사용한다. 단순한 은유는 사람의 마음을 움직이기에 충분치 않다. 신선한 충격, 감동과 쾌감의 강도를 높이기 위해 시인은 심층 통찰 사고의 은유를 사용한다. 낯설게 하기(쉬클롭스키), 애매모호(앰프슨), 파라독스(클리언스 브룩스), 아이러니(리차즈) 등은 모두 심층 은유의 결과요 그 효과이다.

하지만 이러한 표현은 쉽지 않다. 시인이라고 해서 하루 24시간 은유문을 사용하거나 은유적 사고를 하는 것이 아니다. 일상생활 속에서 육하원칙에 따른 사실에 부합하는 문장과 그러한 방법론의 사고를 한다. 그러다 책상을 마주하고 시를 쓰겠다고 하여서 시인의 뇌가 돌연 겉과 속이 다른 은유 문장을 자유로이 만들어내지 않는다. 내·외적 형식에 주제적 의미를 담아내는 은유는 몰입의 통찰 사고로써 가능하다.

그런데, 자유롭게 은유를 구사하지 못하는 걸림돌이 또 하나 있다. 시인이 준비한 시상이나 이미지, 관념, 생각 등에 사로잡혀 그것들을 온전히 구현해내려 한다는 점이다. 이러한 집착이 시와 시인을 실패로 이끈다. 시상은 은유가 아니라 이야기(시적 서사의 내용)이다. 말할 것도 없이 시에서 이야기는 중요한 요소이다. 하지만 시인은 이야기를 은유로 변환하여 제시해야 한다. 시인이 자신이 준비한 시상을 온전히 나타내려 하면 할수록 시는 은유에서 멀어진다.

이것은 '의식'이 사고를 방해하기 때문인데, 시인이 시상이나 관념, 이미지 등을 의식하는 순간 사고는 멎는다. 사고는 비의식의 정신계에서 이루어지는 때문이다. 앙드레 브르통은 자동기술이라는 이름으로, "기억에 남지 않도록 또는 다시 읽고 싶은 충동이 나지 않도록 빨리 쓸 것"을 주문했다. 이것은 의식의 개입 없이 시적 통찰의 흐름을 유지하는 방법이다. 시상을 떠올리는 순간 시인의 사고는 중단되고 시문은 은유가 아닌 과학적 기술문으로 전락한다. 시인에게 은유는 시상을 외면하는 다스릴 수 없는 야생마다. 하지만, 독자에겐 시인의 따분한 울타리를 벗어나게 하는 흥미로운 세계이다. 롤랑 바르트가 "저자의 죽음"을 얘기했듯 독자에게 저자의 생각은 중요하지 않다. 중요한 건 작품이 독자와 대화를 나눌 수 있느냐 하는 것이다. 시는 특히 그러하다.

시인은 자신이 준비한 시상을 비의식의 뇌신경 작용에 맡겨야 한다. 그러한 상황에서 은유가 가능하다. 하지만 이것도 은유 회로를 열 수 있어야 한다. 은유 능력이 갖추어져 있어야 한다는 말이다. 이렇듯 시는 은유를 사용해야 한다. 하지만, 그것은 시인에게 끝없는 훈련이 요구되는 어려운 일이다. 그래서 많은 시와 시인들이 실패하고 좌절한다.

## 5. 은유 알고리듬의 원리와 규칙

**은**유 구문은 일반 문장과 달리 쉽게 구현되지 않는다. 인간 사고의 특성상, 은유는 추론 사고가 아닌 통찰 사고로써 가능하다. 하지만 은유적 통찰 사고는 수행이 쉽지 않다. 그런데 이 문제에 방법이 없는 것이 아니다. 은유 알고리듬 기법은 추론 사고로써 은유를 구현하게 한다.

**은**유는 형식에 의미를 담아내는 사고이다. 그런데, 은유의 형식과 의미를 동시에 구현하고자 하면 형식의 구현이 어렵다. 특히 은유의 형식은 심층 통찰의 사고가 요구된다. 그래서 추론 사고로써도 구현할 수 있도록 형식의 구현 과정을 은유의 외적 형식에 부합토록 기술적으로 단계화하는 것이다. 물론, 의미의 생성 역시 그에 따라 단계적 과정을 통해 생성된다. 한 마디로, 은유 알고리듬은 추론 사고로도 시 창작이 가능토록 한 기법이다.

**은**유 알고리듬 창작의 원리는 심플하다. 은유문 생성의 과정을 기술적으로 네 단계의 과정으로 나눈다. 그렇게 함으로써 추론 사고로써 은유문을 구현할 수 있게 한 것이다. 은유를 구현하는 네 단계 알고리듬 과정이다. ① 관심 있는 시어 A를 정한다. ② A와 상반되거나 무관한 낱말을 하나 정한다. ③ 그 낱말로 문장을 만든다. ④ 그 문장의 술어를 C로 삼는다. (이 방법론은 AI에도 그대로 적용할 수 있다.)

예를 들면,
① 나뭇잎을 A로 놓는다. ② 나뭇잎과 상반되거나 무관한 낱말로 '불꽃'을 정한다. ③ '불꽃'으로 '활활 타오른다'라는 문장을 만든다. ④ '나뭇잎'을 A로 두고, '활활 타오른

다' 라는 술어를 C로 놓는다.
그러면 '나뭇잎이 활활 타오른다' 라는 문장이 된다.
그런데 이 문장은 은유문이 아닌 평범한 문장으로 보일 수 있다. 그러나, 이 문장을 제목과 본문으로 나누어서 표시하면 다음과 같은 시가 된다.

　　　　나뭇잎

　　　　　활활 타오른다

이 시는 단풍이 뜨겁게 물드는 상황을 간결하고도 함축적으로 표현하고 있음을 알 수 있다.

또한, 나뭇잎을 제목으로 두고, '화물선이 바다를 횡단한다' 라는 문장을 만들어 그 술부를 시문으로 두면 다음과 같은 시가 된다.

　　　　나뭇잎

　　　　　바다를 횡단한다

이 시는, 작은 사물이 큰일을 해내는 걸 묘사하고 있다.

은유는 외적 형식에서 볼 수 있듯, 수식어와 피수식어의 뜻이 상반되거나 또는 인과성이 먼 낱말로 문장을 구성한다. 은유 알고리듬 기법은 그러한 원리에 바탕하여 은유에 이르는 과정을 규칙화한 것이다.

다만, 은유 알고리듬 수행의 과정에서 고려할 점은, 제목이 될 낱말과 술어의 뜻은 상반되거나 무관해야 하지만, 음운(소리)이나 분위기는 유사해야 한다. 주어가 격하거나 거친 소리로 발음되면 술어 역시 그래야 한다. 분위기 역시 마찬가지이다. 주어가 조용한 분위기이면 술어 역시 그래야 좋은 시가 된다. 초심자는 이 또한 쉽지 않겠지만 반복하는 가운데 뇌신경계는 이 문제에 적응하여 자동기술적으로 수행한다.

은유 알고리듬을 사용하면 시를 전혀 모르는 이도 시를 쓸 수 있다. 그리고, 이런 방법을 사용하는 가운데 은유 능력 또한 향상된다. 은유 알고리듬은 은유 함양 트레이닝의 방법이기도 하다.

통찰 사고와 추론 사고는 상보적 관계이다. 통찰 능력은 추론 사고를 통해 함양된다. 누구나 처음부터 고도의 창의적 통찰력을 갖게 되는 건 아니다. 단계적 학습의 추론 사고를 수행하는 가운데 통찰 사고가 함양된다. 추론 사고를 통해 통찰의 내용을 설명하고, 통찰은 주론 사고를 통해 함양된다. 추론 사고 성격의 은유 알고리듬을 사용하는 가운데 은유 능력이 함양되는 이유이다.

## 6. 정리

은유의 원리에 바탕한 은유 알고리듬 기법은 현재 범용화되고 있는 ChatGPT 같은 AI프로그램보다도 훨씬 효과적이다. 그런데, 은유 알고리듬 기법의 사용은 AI처럼 삶 체험이 누락된 유사 시문을 만드는 것이 아닌가 하는 비

판이 있을 수도 있다. 하지만 그렇지 않다.
은유 알고리듬을 활용하는 시인은 생 체험의 과정에서 형성된 '의미'를 사용한다. 은유 알고리듬 수행의 과정에서 시인은 ① 낱말의 선정 ② 수식어 문장의 작성 ③ 은유 알고리듬 문장의 검토와 의미 해석 등의 과정에서 생 체험의 결과인 '의미'를 사용한다.

시인이 곤란해하는 건 은유 형식의 구현이지 의미의 구상이나 생성이 아니다. 통상, 시인은 시를 문장으로 구현하기 전에 시상을 먼저 구상한다. 그리고 작성된 시편의 내용을 기승전결과 같은 형태로 통일성 있게 구현한다. 하지만 문제는 그러한 이야기의 내용을 은유의 형식으로 구현해내는 일이다. 거기서 예술성이 결정된다.

은유의 형식을 손쉽게 구현할 수 있다는 점에서 '은유 알고리듬'은 시 창작에 있어서 가히 혁명적 방법론이라 할 것이다. 이것은 인간 고유의 능력인 '의미'와 기계적 알고리듬을 시인이 병용토록 한 것이다. 허윤정 시인은 2022년의 『서래마을 여자』에 이어서 올해 출간한 『일백 편의 한줄시』와 『이 하루 갈채다 특집방송이다』를 통해 은유 알고리듬 창작의 효시적 사례를 선보이고 있다.

시인은 팔십을 넘긴 나이에도 3년여를 외부와 접촉을 끊고 하루같이 은유 트레이닝을 거듭했다. 그리고 '한줄시'의 형식을 확립하고 우리 신화의 지혜를 따라 쑥과 마늘만을 삼키며 언어와 은유 알고리듬의 시문에 매달렸다. 그리고 『일백 편의 한줄시』를 제시했다. 시에 대한 열망과 집념, 강인한 시인의 정신력이 집약된 결과이다. 실로 시인 정신의 승리라 할 것이다. ◣